AF284501

Gisela Krämer

Kaffeeträume

Gedichte und Lyrik

Neuerscheinung
2014 - 2022

Herstellung und Verlag: BoD – Books on Demand, Norderstedt
ISBN 9783755711100

Coverbild: ©Pavinee Chareonpanich, Stockfoto | Shutterstock, „Two happy cups"

Für alle, die leben.
Für alle, die träumen.
Für alle Menschen.

Was gibt es Schöneres als mit einer Tasse Kaffee oder Tee Augenblicke der Ruhe und Muße zu genießen? Einfach die Gedanken schweifen zu lassen und still nur zu sein.

Ich wünsche dir Augenblicke, die lang anhalten.
Ich wünsche dir Momente, an die du dich erinnerst, wenn du sie das erste Mal erlebst.

Gisela Krämer

Kaffeeträume

Ein Bild an der Wand
Ein Kaffee, ein Duft
Ich bin in Traumes Hand
Bin still in Sommersluft

Gedanken schweifen leise fort
Ich halte sie nicht auf
Ich sehne diesen anderen Ort
Die Fantasie nimmt ihren Lauf

Es ist dort immer
Wie ich es mir ersehn'
Es ist mein eignes Zimmer
Auf meiner Skala eine Zehn

Das Paradies, das mir gehört
Das ich besuchen kann
Wann immer mich was stört
Es ist gleich nebenan

Ich fülle dort meine Speicher auf
Meine Freude und mein Lachen
Es ist manchmal ein Großeinkauf
Tauschwährung für andere Sachen

Manchmal sind es Glitzersteinchen
Manchmal auch ein leckerer Keks
Sterne oder Sternchen
Alles finde ich unterwegs

Bring das mit, was ich so brauche
Um den Alltag hinzukriegen
Wenn ich mal wieder abwärts tauche
Um die Richtung hinzubiegen

Ich liebe diese kleinen Reisen
Füttern mich mit aller Kraft
Muss mir dort gar nichts beweisen
Kann es nutzen Tag und Nacht

Das Risiko Liebe

Das Risiko Liebe
Und wenn nichts bliebe
Außer ihr
Ist sie es wert

Es könnte sein, dass sie wieder geht
oder dass Liebe über allem steht
Vertrauen
Ist das nicht das größere Wort
Ist es nicht der größere Hort?

Kann er mir das geben
Was ich brauch zum Leben
Einlassen
Auf den anderen zugehen
Und zu sich selbst stehen

Liebe ist ein Risiko

Sowieso

Und doch einzigartig

Ich weiß, du hast noch Angst

Ich weiß, dass du es kannst

Liebe ist kein Risiko

Sie ist kein Aus und kein K.o.

Glück

Liebe ist pures Sein

Drum geh ich jedes Risiko ein

Ich bleib ich und ich werde dein

Du bleibst du und du wirst mein

Gemeinsamkeit

Wir sind einfach unschlagbar

Das Leben ist schlicht wunderbar

Liebe ist unberechenbar
Ergibt immer den Faktor Wahr
Geduld
Ich werde immer bei dir sein
Fühl ich mich groß und auch mal klein

Liebe ist das Universum
Braucht kein Reisedatum
Da-Sein
Hast alles in deinem Koffer drin
Es wird ein honigsüßer Beginn

Das Ende spielt gar keine Rolle
Ich verzichte auf alle Protokolle
Und BIN
Nicht zuerst und nicht zuletzt
Glücklich im Hier und Jetzt

Frieden für alle

Es gibt kein Zurück
Ich sehe es in deinen Augen
Du ziehst und drückst
Und willst es nicht glauben

Das Ende ist nah
Du kämpfst und du tobst
Technikhilfen sind rar
Die du sonst so lobst

Du schreist, ich habe Geld
Ich kann alles kaufen
Was kostet der Rest der Welt?
Ich fürchte, jetzt musst du laufen

Ich bin und bleibe hier
Versichere dir, dass wir es schaffen
Es ist jetzt leider kein Turnier
Du kannst rein nichts mehr machen

Was kann ich dir nur geben
Ich wünsche mir „Lass los"
Wir werden weiterleben
Dein Vertrauen ist nicht groß

Ich werde sehr sehr traurig sein
Aber irgendwo auch froh
Dein Leidensweg wird zu Ende sein
Ich finde, es ist richtig so

Ich bin bereit, dich gehen zu lassen
Alles ist gerichtet hier
Du kannst es einzig noch nicht fassen
Ich bitte dich, bleibe jetzt bei dir

Bereite dich vor auf die große Reise
Es wird dort geben keinen Schmerz
Brauchst nicht zu vergleichen kleine Preise
Hör einzig einmal auf dein Herz

Lass los mein Weggefährte
Mach es dir jetzt leicht
Das Leben, das von dir verehrte
Endet hier, es reicht

Vorbei der Kampf und all die Schmerzen
Freikaufen konntest du dich nicht
Ich wünsche dir aus tiefsten Herzen
Geh und vergiss mich bitte nicht

Lovestory

Deine Freundin hast nimmer erkannt
Im Gegenteil, es hat dich erschreckt
Es sind diese Bilder, die die Erinnerung
bannt
Wünsche an andere Zeiten weckt

Die Lebenden sind auch noch hier
Sie wird immer bei dir sein
Gedenke ihrer im stillen Schein
Sie sitzt sicher hinter einer Himmelstür

Lange Zeit ging sie den Weg
Gemeinsam mit dir Hand in Hand
Für manches ist es jetzt zu spät
Denk an das, was euch verband

Ein Lächeln huscht über dein Gesicht
Es wird die Erinnerungskarte sein
Nimm das kleine helle Licht
Dein Herz lässt den Frieden herein

Wut

Ich bin so sauer
So voller Trauer
So voll mit Wut
Das ist nicht gut
Damit

Weiß nicht wohin
Bin mittendrin
Stecke einfach fest
Und such den Rest
Meiner Würde

Kann es nicht fassen
Kann nicht von dir lassen
Fange an durchzudrehen
Kann das Schöne nicht mehr sehen
Was war

Ich dachte, du bist mein Freund
Hatte es immer so geträumt
Doch jetzt ist alles leer
Und ich nehme es so schwer
Das Sein

Hab ein schlechtes Gewissen
Damit, dich zu vermissen
Kann es nicht lösen
Und beschimpf die bösen
Gedanken

Ich schlage einen Pflock hinein
In das Jammern und das Schreien
Nur ich allein kann es stoppen
Lasse mich nicht mehr verspotten
Von mir

Ein Anruf könnte vielleicht helfen
Doch ich fürchte, es sind Elfen
Die beim Nähern rasch verschwinden
Mir nicht beistehen zu überwinden
Das Denken

Du bist schuld

Mit Eifer verteilen wir die Schuld
Pflegen leidenschaftlich diesen Kult
Mit Geduld
Auf dass das Rabattheftchen sich füllt
Man selbst bleibt voll scheinbarer Unschuld
Im Mittelfeld

Wer wird schon geboren als Täter
Oder ist es das Erbe unserer Väter
Wer ist hier der Attentäter?
Der andere ist der Verlierer
Legt's Erlebnis auf den Kopierer
Damit es sich vermehre

Wir glauben, wir sind im Defizit
Sag mal, rauchst du schlechten Schitt?
Mit Ärger und Wut am Limit
Das kann es nicht sein
Es ist so nur fahler Schein
Mit Schreien und Pein

Immer haben zwei beigetragen
Das ihrige dazu zu sagen
Lasst das Klagen
Helft einander zu verstehen
Die Sicht des Anderen auch zu sehen
Und weiter zu gehen

Erwägt die Möglichkeit
Es gibt eine neue Ankunftszeit
Sprecht ohne Verlegenheit
Sagt frei, was euch berührt
Erzählt, was euch dabei verstört
Und hört

Das ist der Weg
Du brauchst jetzt kein Versteck
Schmeiß die Sorgen in den Dreck
Schau dir an, was gerade ist
Und was du überhaupt vermisst
Es geht, wenn du es zulässt

Ihr müsst euch nicht lieben
Aber verboten sind die Hiebe
Pflanzt wieder neue Triebe
Schaut mit Herz und Verstand
Auf dieses neue Land
Habt es doch immer schon gekannt!

Lüg nicht

Schwindeln ist okee?
Tust dem anderen nicht weh
So viel ist klar
Und vor allem wahr

Die Wahrheit lässt uns zaudern
Beim Reden oder Plaudern
Absolute Ehrlichkeit
Damit kommt man wohl nicht weit

Also lieber lügen
Lieber mal betrügen
Statt sich der Wahrheit zu verschreiben
Und standhaft dabei zu bleiben?

Es ist ein Wagnis allemal
Manchmal eine echte Qual
Zu entscheiden
Schweigen oder streiten

Sag ich's oder sag ich's nicht?
Ich bin auf Krach nicht erpicht
Schweigen löst keine Fragen
Da hilft kein Jammern und kein Klagen

Belüge dich nicht selbst
Was nutzt es, wenn du dich quälst
Die Wahrheit ist nicht leicht
An einem Punkt, es reicht

Die Waage zwischen Lug und Wahr
Ist ab und an so gar nicht klar
Doch gewählte Offenheit
Damit kommst du ziemlich weit

Wer entscheidet, was wahr ist
Ob du auf der richtigen Seite bist
Ob das, was du zu sehen glaubst
Das ist, was auch der andere schaut

Seht euch einfach einander an
Zieht euch in euren eignen Bann
Niemand eure Wahrheit nimmt
Ihr beide damit viel gewinnt

Tschirp

Ein kleiner blauer Vogel
Mit einem gelben Bauch
Er sitzt entspannt
Auf einem grünen Strauch

Ich hör sein leises Tschilpen
Zierlich seine Klänge
Aus vielen kleinen Tönen
Formt das Lied Gesänge

Perlendes Lachen
Entrinnt meiner Kehle
Der Vogel berührt jetzt leise
Die Tiefen meiner Seele

Danke blauer Vogel
Mit dem gelben Bauch
Ich bin im Land der Träume
Und glücklich bin ich auch

Sehnsucht

Wenn du Sehnsucht hast
Dann gehe sie stillen
Ansonsten wird's zur Last
Stolz, Sturheit oder Wille

Wenn du Sehnsucht hast
Kannst zweierlei du tun
Das Ziel erreichst du fast
Wenn Unruhe kommt zum Ruhen

Wenn du Sehnsucht hast
Verliere nicht den Überblick
Mache lieber eine Rast
Und versuche dein Glück

Wenn du Sehnsucht hast
Werde mit Jammern nicht ganz klein
Wirst sehen, dass es passt
Und die Freude kommt herein

Wenn du Sehnsucht hast
Mach die Möglichkeiten leicht
Es wird sich finden ohne Hast
Genauso viel, damit es reicht

Wenn du Sehnsucht hast
Mach dich auf den Weg
Das Glück dich an den Händen fasst
Egal wohin du gehst

Wenn du träumen willst, mach dich auf den Weg

Ich habe keine Worte mehr für dich
Bin sprachlos
Die Sache spricht allein für sich
Alles im Chaos

Könnte vor Trauer grad mal schreien
Bin mutlos
Nichts kann mich hier befreien
Gefangen endlos

Was soll ich denn dazu sagen
So planlos
Nichts ist da um es zu wagen
Irgendwie aussichtslos

Jedes Reden führt zum Schweigen
Bin machtlos
Jeder von uns ist viel zu Eigen
Zweifellos

Versuche ich ein Lächeln?
Gelingt nicht problemlos
Klingt trotzdem wie ein Versprechen
Ganz kostenlos

Doch nicht umsonst
Ich sehe die alten Fotos
Auch wenn du nach Hause kommst
Ich möchte los

Nein" Ich werde bleiben
Und mit dir reden
Viel zu lange ging das Schweigen
Jetzt verbinden sich unsere Leben

Und ganz problemlos
Schwerelos
Ego-los
Sind wir wieder vereint

Wunder heute

Auf dem Flohmarkt des Lebens
Fand ich sie
Aladins Wunderlampe
Ich rieb und putzte lang vergebens
Dann fragte ich sie
Die Alte und Wunderschöne
Damit Erfolg meine Arbeit kröne

Ich erntete Schweigen,
Wie sollte es auch sein?
Ich klappte sie auf
Drin waren keine Feigen
Ne, das war gar nicht fein
Drin war eine graue Pampe
In meiner Lampe

Ich wusch sie aus
Auf sorgfältige Weise
Und polierte weiter
Ich malte mir schon alles aus
Und ging auf luftige Reise
Sie musste doch zu was nutze sein!
Jedenfalls war sie jetzt rein

Am Abend, als alles stille war
Die Lampe auf dem Tische stand
Kerzen erhellten den Raum
Da erklang eine Stimme so klar
Aus der Lampe quoll ein Räucherband
Die Stimme sprach: Die Lampe ist leer
Das Leben mit dem Geist ist lange her

Die Lampe durch viele Hände ging
Der Geist vielen zu Willen war
Als es gab noch Glauben an Wunder
Der Geist eines Tages sich in Liebe verfing
Und nicht sah die Gefahr
Er wählte das menschliche Sein
Nun ist er fort und die Lampe dein.

Damit verlosch das bezaubernde Licht
Auch die Stimme verklang
Alles war wie zuvor im Raum
Doch ganz sicher war ich nicht
Mir war weder angst noch bang
Wer braucht schon einen Zaubergeist
wenn er dich an seiner Seite weiß?

Lächeln

Ein Lächeln fliegt in die Welt
Trägt so vieles mit sich
Bleibt dort, wo es gefällt
Und findet dich und mich

Das Strahlen glänzender Augen
Überwindet jede Distanz
Und es wird taugen
Lichter bringen und Glanz

Gedanken freier Herzen
Kennen keine Grenze
Schenken fröhliche Scherze
Erfassen mich in Gänze

Glücklicher Augenblick
In Freiheit entlassen
Nehm ihn nie zurück
Will ihn nicht fassen

Fedrig leicht
Schwebt er davon
Die Dämmerung weicht
Dem Morgen schon

Träume des Seins

Ich bin im Land der Träume
Land des Friedens
Land des Lachens
Landunter ab und zu

Ich träume von meinen Lieben
Träume des Bestehens
Träume des Verlierens
Geträumtes Sein entsteht im Nu

Ich fühle das Sein im Hier und Jetzt
Sein des Lebens
Sein mit Sinn
Seiend ohne stilles Tabu

Ich wähle die Stille
Stille die Lust
Stille die Bedürftigkeit
Gestillte Träume finden Ruh'

Ich spüre süße Ruhe
Ruhe der Langsamkeit
Ruhe der Gelassenheit
Ruhend finde ich das Wozu

Zwei Tage

Zwei Tage nur mit dir
Zwei Tage Leben
Das ist alles
Zwei Tage und zwei Nächte
Welch ein Geschenk
Alles Liebe

So viele Sekunden
Mit tiefem Augenblick
In Liebe geblickt
Minuten zu teilen
In innigem Kontakt
Zu zweit

Jahre vergehen
Seite an Seite entlang
Hand in Hand
Im Gang der Jahreszeiten
Herzen im Gleichklang
Schönster Gesang

Monatssonaten
Tanzen gemeinsam
Liebesgesang
Zeit dieses Lebens
Frieden in langsamem Takt
Wunderbar

Nachtkaffee

Eine kühle Brise in der Dämmerung
Still stehend am offenen Fenster
Den Kaffeebecher in der Hand
Lass den Tag Revue passieren
Ich spüre die stumme Einladung
Es ist, als war es gestern
In einem anderen Land…
Vielleicht wird es tatsächlich funktionieren

Sinnend schließe ich kurz die Augen
Um innerlich die deinen zu sehen
Der Duft des Kaffees entführt mich weit
Die Traumwelt lädt ein
Warum nur fehlt mir der Glaube?
Dass es gut ist zu bleiben, nicht zu gehen
Den Dämon zu überhören, der schreit
Mich nicht zu fühlen so klein

Es kann gelingen, lass es geschehen
Wispert die Stimme in mir
Ich nehme mir einen tiefen Atemzug
Und spüre den Boden erdend fest
Es wird gelingen, du wirst es verstehen
Spüre ein wenig mehr von dir
Bereite mich vor auf den Abflug
Es wird soviel mehr als ein Test

Ich höre tief in mich hinein
Der Kaffee ist schon kühl
Ich nehme einen langen Schluck
Lasse den Mond verzaubern die Nacht
Ich lasse mich auf das Lächeln ein
Mein Herz ist so voller Gefühl
Es gibt jetzt für mich kein Zurück
Ich bin es, der über mich lacht

Und das ist gut so

Das erste Frühstück

Hörst du das Wispern
Das leise Knistern
Stumme Stimmen raunen
Unsere Blicke staunen
Über uns

Aus der Kanne der Duft
Schwebt sanft durch die Luft
Berührt unsere Sinne
Auf dass es beginne
Mit uns

Dein Lachen wie Honig
So süß und so sonnig
Ich lieb dich dafür
Und alles, was ich spür
Ist uns

Eine sanfte Berührung
Wie eine kleine Verführung
Schmetterlinge im Bauch
Spürst du das auch
Uns

Herzgebäck

Ich wünschte, es wäre so einfach
Tunke hartes Gebäck in Kaffee
Es wird davon ganz schwach
Wär' das für Herzen eine Idee?

Weit entfernt und hartes Herz
Keine Nähe und kein Kontakt
Stattdessen echter Liebesschmerz
Ist kein Spaß, das ist Fakt

Könnte das Herz ich tunken
Füllen mit Liebe und sanftem Blick
Vielleicht ist es dann trunken
Vor Freude und vor lauter Glück

Komm, wir kochen uns eine Tasse
Holen harte Herzen raus
Formen eine neue Masse
Und es wird was Besseres draus

Magst den kleinen Cookie
Oder lieber das Lebkuchenstück
Beides bringt süße Energie
Und Zuckerwattenglück

Formen perlendes Lachen
Hände, die nicht voneinander lassen
Gedanken, die sich anfachen
Augen-Blicke zum Anfassen

Schatten der Nacht

Kennst du sie, die Schatten der Nacht
Es sind Dämonen, die du entfacht
Die du genommen hast aus dem Licht
Du gehst mit dir und anderen ins Gericht

Bei Licht betrachtet sind Schatten klein
Genauso wird es auch dieses Mal sein
Schieb das Problem zurück an die Tage
Und der Dämonen wird schmählich versa-
gen

Wir rufen die Geister, wir ganz allein
Wir entscheiden über Aufgeben oder Sein
Bestimmt der Geist, den du gerufen hast
Und macht er, was ihm gerade so passt?

Die Schatten werden bleiben und größer
Die Gedanken werden schlimmer und noch
böser
Wenn du sie lässt
Das gibt dir den Rest

Steh auf und beginne deinen Tag
Geh weiter und sieh und sag
Ich bestimme, was richtig ist
Sag es laut, damit du's nicht vergisst!

Sieh dir mal die Sonne an
Immer da und alles dran
Kannst sie nicht immer sehen
Der erste Schritt heißt: Verstehen

Leben

Ein nettes Spiel
Frag nicht so viel
Mach einfach mit
Beim wilden Lebensritt

Willst du bleiben, willst du gehen?
Wirst es glauben, wirst es sehen..
Warum so viel überlegen, traue dich
Wirst es überleben, gibt dich und mich

Freude haben am Lebendigsein
Innigkeiten beim kleinen Stelldichein
Wage es und pack es an
Es ist Zeit, es ist dran

Du kannst noch lange träumen
Die Wirklichkeit versäumen
Lass uns gemeinsam schweben
Auf unserer Wolke sieben

Lass uns spazieren gehen
Tanzende erspähen
Uns unter sie zu mischen
Bewegtes zu erwischen

Schließ die Augen, lass dich führen
Ich zeige dir den Weg und lass dich spüren
Was Realität mit dem Traume macht
Ob du schläfst oder wachst

Es ist immer das Gleiche
Leben

Ewiges Versprechen

Ein Versprechen für die Ewigkeit
Reicht so unendlich weit
Braucht keine Rückreisemöglichkeit
Alles reicht zu zweit!

Der Weg in die Ewigkeit
Scheint der Beginn der Sommerzeit
Klar weiß ich die Zweisamkeit
Im Sonnenschein der Bereitwilligkeit

Es bedeutet so viel Freiheit
Gibt der Liebe Sicherheit
Für Liebe gibt es keine Öffnungszeit
Ich freue mich mit dir auf Zwei-Einheit

Du versprachst mir die Ewigkeit
Die Zukunft wird Vergangenheit
Zieht nach vorn die laufende Zeit
Das Zeitrad schließt, es ist soweit

Offenheit und Ehrlichkeit
Mein Herz zu deinem, welche Herrlichkeit
Augen versinken in Begehrlichkeit
Liebe braucht ohnehin nie Zeit

Danke für die Ewigkeit
Unser Geschenk steht schon bereit
Der Weg ist kurz und ziemlich weit
Nie allein, nur zu zweit

Der Proviant reicht soweit
Die Zwischenstationen sind nicht so weit
Beschwingt schreiten wir in die Gegenzeit
Glück ist an der Seite der Gemeinsamkeit

Hoffnung

Im Land der Hoffnung
Hat der Winter keine Chance
Im Land der Hoffnung blüht die Ahnung
Leben und Liebe in Balance

Verlierst du mal wieder den Verstand
Die Emotionen nehmen die Macht
Komm ins Frühlingshoffnungsland
Hier beides um die Wette lacht

Im Land der Hoffnung
Wirst du immer gewinnen
Nichts ist hier Verschwendung
Im Sommerlicht der Sinne

Der Herbst die Weisheit pflegt
Der Hoffnung Farben schenkt
Mit Bedacht die Bahnen legt
Und in die richtige Richtung lenkt

Der Tisch zwischen uns

Das Gefühl zwischen uns steht
Oder ist es der Verstand?
Die Liebe langsam vergeht
Und das, was uns verband
Für immer
Ohne Hoffnungsschimmer

Der breite Tisch Barriere ist
Die Hand reicht nicht hinüber
Der Kummer meine Seele frisst
Das Licht wird täglich trüber
Für immer
Es kommt noch schlimmer

Ich könnte nur noch weinen
Doch keine Träne ist mehr da
Es will nur noch scheinen
Als wäre die Liebe noch wahr
Für immer
Gingst du aus dem Zimmer

Was haben wir uns angetan
Aus dem Blick verloren
Hatten niemals einen Plan
Mein Herz ist schon erfroren
Für immer
Es gibt keinen Gewinner

Morgen ist ein neuer Tag

Du glaubtest, es ginge nicht mehr weiter
All mein Rufen ist verhallt
Ich habe gehalten deine Leiter
Hab die Bäume gezählt im Wald

Ich rief und sang für dich den Traum
Damit du bleiben kannst
Hoffen wagte ich manchmal kaum
Heute sehe ich, dass du tanzt

Ein wenig ungelenk ist es noch
Ich werde Hoffnung haben
Und sage es jedem: Doch!
Du wirst Ja zum Leben sagen

Sonnenschein hab ich beschworen
Hab in der Nähe gewohnt
Dachte dich schon fast verloren
Jetzt wird jeder Schritt betont

Du wirst deinen Weg beschreiten
Und ins Leben lachen
Nimm mich mit, wir lassen leiten
Uns von den richtigen Sachen

Nämlich die, die wichtig sind
Die, das Jetzt uns erlauben
Ich bin sicher, dass der Weg uns findet
Du wirst es auch noch glauben

Komm gib mir deine Hand
Setze einen Schritt nach dem anderen
Ich führe dich ins nächste Land
Hin zu uns Bekannterem

Die Liebe wird uns leiten
Es wird ein Morgen geben
Sie wird uns Glück bereiten
Alles nennt sich Leben

Regenbogen-Inspiration

Ein Regenbogen
Eng verwoben
Alle Farben dieser Welt
Auch die, die keiner zählt

Die Zeit steht still
Was ich auch will
Hat keinen Raum im Hier
Bin ganz ruhig bei mir

Staunend stehe ich da
Nehme nichts mehr um mich wahr
Ein Lächeln um den Mund
Tut innere Wahrheit kund

Ein ganzer halber Bogen
Das Licht hat er gesogen
Die Wassertropfen glänzend
Die Farben sich ergänzend

Plötzlich war er da
So halb wie er war
Von einer Seite zur anderen
Ich lasse die Seele wandern

Die Klarheit und die Wahrheit
Paaren sich mit Schönheit
Von einer Seite er verblasst
Die andere mit Farben prasst

Ganz langsam wird er kleiner
Doch die Lichter sind nur reiner
Die Zeit bleibt stille stehen
Auch wenn Regenbögen gehen

Erwarte den Wunsch

Wünsche werden Wirklichkeit
Erwartungen leider selten
Alles, was es bringt ist Leid
Dazwischen liegen Welten

Wenn ich etwas erwarte
Erfüllt es sich vielleicht
Setze die Forderung auf die Karte
Und hoffe, dass es reicht

Es gibt dann nur die eine Lösung
Die meinem Ziel gereicht
Oft wird's später zum Problem
Und der Streit herüberschleicht

Nimm als Geschenk
Das was du bekommst
Als wunderbares Präsent
Um das zu bitten lohnt

Geliebt

Ohne bezahlen zu müssen
Wo findest Energie?
Sie ist kaum zu fassen
Die Liebesmagie

Sich geliebt zu wissen
Lässt Wärme entstehen
Es ist das Ruhekissen
Lange wird's bestehen

Hast du's heute schon gesagt?
Einem liebsten Menschen
Oder hast danach gefragt?
Dass wir uns Liebe wünschen

Es wird nichts Schöneres geben
Als geliebt zu sein
Das einzig ist im Leben
Für immer mein und dein

Mein Weg

Wege begegnen sich
Kreuzen und verzweigen
Sind mal breit und mal ein Strich
Zwingen hinauf oder hinab zu steigen

Was soll zu diesem Gewirr ich sagen
Nehm' ich die Runde oder den Kletterpfad
Soll ich den Umweg besser wagen
Geh ich zu Fuß oder fahr ich das Rad

Die Welt ist voller Straßen
Und alle führen zum Ziel
Geh ich langsam, soll ich rasen?
Probier' ich's aus das meinige Spiel?

Ohne Ziel taugt doch alles nichts
Oder kann es Freude machen
Gehe ich die Arkade des Lichts
Oder wird das Dunkel mich auslachen

Fragen über Fragen
Ist es Wahrheit oder Trug
Kann es leider auch nicht sagen
Ist es Risiko oder klug

Ich werde einfach los marschieren
Folge meinen Füßen
Ein kleines Ziel anvisieren
Und werde die Welt von dir grüßen

Fort mit ..

Wenn du fort gehst
Wenn du dort stehst
Nimm mich im Herzen mit

Ich geh mit kleinen Schritten
In unser beider Mitten
Hoffe, es wird ein Hit

Wir begegnen uns nur selten
Jeden Tag lassen wir es gelten
In die Risse kommt der Kitt

Wie lange soll das halten
Wir müssen sorgsam walten
Sonst liegen wir im Splitt

Ich sehe dich dort stehen
Weiß, du musst jetzt gehen
Mein Herz verliert den Tritt

Mein Liebster komm bald wieder
Dann sitzen wir im Flieger
Liebe hat kein Limit

Wir reisen zu den Sternen
Sind ganz nah auch bei den fernen
Gemeinsam ist der nächste Schritt

Ich habe mich entschieden
Und bin damit zufrieden
Lebensritt im Herzensschnitt

Sternenfängers Gedanken

Im meinem Herzen lebe ich die Weite
Das Universum ist so nah
Tanze mit den Sternen an der Seite
Im Sternenleuchten ich dich sah

Ich wusste dich bei mir
Der Blick ging über Mitternacht hinaus
Deine Grenzen trägst du allein bei dir
Und doch bist du bei dir zu Haus'

Silberperlend klingt das Lachen
Gespannt zwischen Sternen der Lieben
Möchte nicht aus dem Traum aufwachen
Finde hier das Land der Frieden

Ich sehe mich verbunden mit Menschen
Die mir sehr viel bedeuten
Sitze mit allen Wünschen
Warte auf die richtigen Zeiten

Wie Wegeslichter führt das Netz
Zielsicher mich zu dir
Das ist fast ein Gesetz
Nicht zuletzt auch zu mir

Sternenfänger lass sie frei
Gedanken mögen schweben
Alles ist gebunden und dabei
Liebe, Frieden, Leben

Frühlingszeit

Helligkeit der Frühlingszeit
Fast schon vergessen
Es hat gebracht die Blütenpracht
Bin ganz darauf versessen

Alle Farben explodieren
Alle Grünnuancen
Alles kann regenerieren
Wachstums neue Chance

Schau doch mal die Farben an
Die wunderbaren Bunten
Alles zieht in seinen Bann
Ich fühl mich so verbunden

Duft an Duft
Saug ich ein
Atemluft
Klar und rein

Überall sind Knospen
Versprechen Blütenpracht
Könnte ich davon kosten
Würde ich essen Tag und Nacht

Alle Menschen draußen
Sonne und grünes Gras
Kinder fröhlich sausen
Zusehen macht einfach Spaß

Kann die Farben nicht beschreiben
So viele Namen kenn ich nicht
Werde deshalb bleiben
Und behalten dies Gedicht

Mauern

Stehst du manchmal an der Wand
Bleibst du dort selbst unerkannt?
Du kannst dich selber nicht mehr sehen
Kannst dich schon lang nicht mehr
verstehen?
Du windest dich dort vor Angst
Weißt nicht, ob du darfst oder kannst?

Fragen über Fragen
Keiner wird's dir sagen
Jeden Tag aufs Neue
Windest dich vor Reue
Hast zu viel verpasst
Dich selbst dafür gehasst

Jeder Tag fühlt sich enger an
Bei jeder Entscheidung wird dir bang
Ständig siehst du Mauern wachsen
Es nutzt nichts mehr, dran zu kratzen
Tränen hast du lang nicht mehr
Kraft und Energie sind leer

Mauern über Mauern
Lassen dich erschauern
Nichts ist dir geblieben
Wo sind deine Lieben
Fehl gehen die Gedanken
Und du lebst die Schranken

Das wird schon
Ruft die Depression
Keine Aktion
Steht zur Disposition
Nichts wird schon
Das ist Illusion

Rufe laut die Freunde
Es ist keine Schande
Hilfe anzunehmen
Zu klären deine Themen
Alles wird sich finden
Sinnig sich verbinden

Ein kleiner Schritt nach vorn'
Nützlich wird der Zorn
Wenn er sich ausdrücken kann
Verliert er seinen Bann
Du siehst die Mauern schrumpfen
Die Angst wird nicht mehr trumpfen

Der Weg ist frei
Es ist vorbei
Noch ein Schritt
Hoffnung kommt mit
Schöpfe langsam Mut
Wirst sehen, es wird gut

Allein Gedanken bleiben

Allein sein
In Ruhe daheim
Stummer Kerzenschein
Heute zählt kein Nein

Gedanken laufen lassen
Bis sie von allein verblassen
Die Zeit verprassen
Tanzend die Welt erfassen

Bleibe dabei
Fühle mich frei
Keine Fragerei
Heute heißt es: Sei

Ich schreibe den Brief
Bin in meinem Tempo aktiv
Verlasse das Tief
In dem ich lange schlief

Goldene Sonnenstrahlen
Frei von wildem Prahlen
Keine Worte, keine Zahlen
Schönste Bilder malen

Ich tanze einen kleinen Schritt
Fasse einen festen Tritt
Gehe langsam mit dir mit
Herzen im wilden Liebesritt

B-Engel

Es war ein großes Kompliment
Mit dem dieser Spruch beginnt

Du bist einfach ohne Mängel
Für mich bist du ein Engel

Und dann sprachst du, Lieber Gott
Hätte gerne noch mehr, und das mal flott

Und Gott lachte
Sagte sachte

Wünsche werden wahr
Sind dann anders wunderbar

Ich bin einverstanden
Den Engel zu gewanden

Hoffe, du gibst dann endlich Ruh
Du kriegst noch ein B hinzu

Und aus deinem Engel
Wird manchmal auch ein (B)engel

Und die Moral von der Geschicht'?
Frage bisweilen einfach nicht!

Lächeln

Ein Lächeln fliegt in die Welt
Trägt so vieles mit sich
Bleibt dort, wo es gefällt
Findet dich und mich

Das Strahlen glänzender Augen
Überwindet jede Distanz
Es wird taugen
Lichter bringen und Glanz

Gedanken freier Herzen
Kennen keine Grenze
Schenke fröhliche Scherze
Erfassen mich in Gänze

Glücklicher Augenblick
In Freiheit entlassen
Nehm ihn nie zurück
Will ihn nicht fassen

Fedrig leicht
Schwebt er davon
Die Dämmerung weicht
Dem Morgen schon

Kennst du das?

Hast endlich gesagt
Was du denkst
Hast es endlich gewagt
Nun glaubst du, du lenkst
Alles in richtige Bahnen

Doch statt es einzusehen
Und nachzudenken
Statt in sich zu gehen
Versucht der andere abzulenken
Vom wichtigen Thema

Sagt einfach Entschuldigung
Werde nichts mehr dazu sagen
Es kommt wie eine Huldigung
An sich selbst und du kannst nicht wagen
Auf Erklärung zu bestehen

Ich könnt' grad schreien
In diesen Momenten
Ich kann mich nicht befreien
Bin den schweigenden Argumenten
Einfach nur ausgeliefert

Stumm leidend unter Schweigen
Warum nur lebst du das Defizit?
Nennst dein Leben allein dein Eigen
Und glaubst, wir sind quitt
Mit einem Sorry

Ich verstehe es einfach nicht
Und spüre ich verliere
Ich bin die, die die Beziehung bricht
Ich jammre und ich friere
Und erreiche nichts

Du hast das Unrecht eingebracht
Du hast es immer weggeschoben
Jetzt bist du es, der einfach lacht
Die Wahrheit könnte toben
Du würdest sie nicht hören

Es geht nicht um Beweise
Worum geht es denn dann
Fragst du mich leise
Ich möchte so gerne glauben dran
An die Liebesreise

Ich spüre es doch
Ich leide nur stumm
Der Preis ist zu hoch
Sei es drum
Ich gehe den Weg zu Ende

Lebenstraum

Ein Traum ist ein Spiegel
Enthält Lüge und auch Wahrheit
Geheimnisvolle Siegel
Verschleiertes und Klarheit

Das Leben zeigt beim Schlafen
Zerrbilder des Seins
Führt uns in einen Hafen
Voll Lichter des Scheins

Ob Farbe oder Schwarz-Weiß
Du bist der Inhalt deines Traums
Der Traum ist des Tages Preis
Bestimmt die Weite des Raums

Viele Zimmer im Traumes Haus
Hast du dir eingerichtet
Mit einem bunten Blumenstrauß
Negatives hast vernichtet

Eingeladen bist meist nur du
Ein Fremder, nicht ein guter Freund
Du bestimmst den Grad der Ruh'
Dein Wesen, es ist eingezäunt

Die Macht über deinen Traum
Gibst du ganz allein
Du hältst ihn im Zaum
Anfang und Ende sind dein

Nimm das Steuer in die Hand
Freue dich der Fantasie
Genieße dieses neue Land
Voll Freude und Magie

Gerne verweisen wir auf weitere Bücher aus dem Storycenter von Gisela Krämer:

Von Manchmal-Engeln und anderen Wundern

**12 Metaphern und Geschichten
Für Große und nicht mehr Kleine**

Gedanken über den siebten Himmel, ein Streit der Elemente im Sandkasten und das Ende von Träumen….
Sie finden hier philosophische und nachdenkliche und lustige Geschichten und Metaphern.

Von fröhlichen Kühen und anderen Freunden

12 Metaphern und Geschichten
Für Kleinere oder noch nicht ganz Große

Ein kleiner Junge lernt, mit Ja-aber umzugehen, eine erstaunliche Familien-versammlung kommt wegen merkwürdiger Postadressen zusammen und ein Umzug gelingt trotz Hindernissen und Defiziten mit Mut und Hilfe von Freunden....

www.storycenter.de

Von Brummelbären und anderen Glückskeksen

Gedichte und Lyrik für die Liebe und die Freundschaft

Wunderschöne weitere Gedichte über Liebe und Freundschaft, Begegnungen und Abschiede. Für schöne und nachdenkliche Momente und ein Lächeln.

**Demnächst von Gisela Krämer
im Storycenter:**

Diplomatische Kommunikation
Das Fachbuch aus 20 Jahren Praxis

**Von Schwichteln und anderen
Begegnungen**
12 Metaphern und Geschichten
Für Kleine

**Von Sternenkriegerinnen und anderen
Träumen**
12 weitere Metaphern und Geschichten
Für Große und nicht mehr ganz Kleine

www.storycenter.de